Valéry d'AMBOISE

ANNECY
JE T'AIME

roman-promenade

texte, photographies et maquette de V. d'AMBOISE

Editions des

ANNECY
JE T'AIME

ANNECY JE T'AIME

Joyau de nos aspres montagnes
A toi Nessy cette caresse
A cette ivresse qui me gagne
Quand je dévoile tes attraits
A tous tes amants jardiniers
Aux flâneurs de la vieille ville
A ses marchands, ses artisans,
A saint François et sainte Jeanne
Aux cygnes blancs du lac diaphane
Au soleil couchant qui se pâme
Et fait l'amour à Mandallaz

A Georges GRANDCHAMP
et en hommage au JUBILE
des "Amis du Vieil Annecy"

PREFACE

Cette page était réservée à Georges Grandchamp, Maire-Adjoint aux Affaires Culturelles, Président des Amis du Vieil Annecy. Sa lettre commençait bien :

"J'ai lu avec intérêt et étonnement, m'écrit-il, le texte de votre ouvrage. Je vous ai suivi dans votre aimable flânerie à travers le Vieil Annecy en compagnie de votre cicerone érudit et mystique." Hélas, le ton change vite et Georges Grandchamp en vient à protester avec la plus vigoureuse énergie contre les termes "un des grands Annéciens du moment".

Non monsieur Grandchamp, je ne gommerai pas le bien que nous pensons tous de vous, à Annecy et ailleurs pour une éventuelle préface. Ceux que l'Histoire glorifie n'ont sûrement pas eu conscience de l'importance de leurs actes, toujours naturels dans l'action. Comme monsieur Jourdain, mais avec érudition, vous êtes devenu un des grands Annéciens du moment sans le savoir.

Un seul homme ne peut rien réaliser par lui-même, écrivez-vous. Bien sûr, il y a d'autres grands Annéciens. Charles Bosson, André Fumex, Clément Gardet, les Académiciens et les anonymes. Qu'ils soient remerciés eux tous également.

Ma préface, je me vois donc contraint de la rédiger moi-même. La voici.

Avec cet ouvrage, j'ai voulu apporter une certaine nouveauté.

Nouveauté par la couverture qui, en montrant à la fois le château restauré et la Manufacture, se tourne délibérément vers l'avenir, en insistant ainsi symboliquement sur ce qui a été fait pour sauvegarder la vieille ville et respecter le passé.

Nouveauté par le texte, sous forme de roman-promenade, que je voudrais à la fois distrayant, à rebondissements mais aussi didactique, authentique. Nouveauté aussi par la typographie, qui renoue en fait avec une ancienne tradition, qui voulait que les dialogues figurent entre guillements.

Que les beautés décrites ici, en images, par le langage des fleurs ou par le texte, ne nous fassent pas oublier le chemin qu'il reste à parcourir pour achever l'oeuvre commencée il y a cinquante ans.

Puisse cet ouvrage faire comprendre à chaque Annécien de quel trésor il est le dépositaire et à chaque voyageur quelle constance il faut témoigner pour réparer à la fois les injures des hommes et celles du temps qui nous use.

V.d'A.

ANNECY JE T'AIME

LA MISSION. PREMIER MYSTERE.

Un reportage sur Annecy, la Venise savoyarde : jamais mission ne m'avait semblée plus passionnante. Personne n'aurait pu s'en acquitter avec plus de volonté d'éblouir les futurs lecteurs, de leur inculquer la vénération, l'amour que j'éprouve depuis toujours pour cette ville dont la beauté touche l'âme. Aurais-je accepté pareille tâche si j'avais su ce qui m'attendait? L'existence est surtout faite de souvenirs et ceux que j'emporte de cette longue quête vers la Vérité resteront toujours présents dans mon coeur.

Annecy! La nature a associé ici la montagne, majestueuse, grandiose parfois, un lac limpide paré de bleus, de verts intenses, profonds. Elle y ajoute la forêt, les champs, la roche nue, la neige en hiver, les paysages les plus variés et cette prodigieuse végétation qui éclate dans un festival de verts dont la riche palette va du vert tendre presque blanc des jeunes pousses aux verts sombres des grands conifères en passant par toutes les nuances. L'homme amoureux, le poète donc, a domestiqué cette ardeur, associant à ces verts les couleurs plus violentes des géraniums-lierres aux tendres sentiments, rouges ou roses, des pétunias, bien jolis obstacles, des bégonias toujours cordiaux, des capucines, feux d'amour, des soucis chagrins, des roses amour et de combien d'autres encore dont les noms font rêver, toutes ces fleurs qui ornent si joliment la ville. Annecy a pris, depuis vingt ans, la tête du prestigieux concours des grandes villes fleuries et ne l'a jamais quittée.

Annecy! Je t'aime. Je t'aime comme on aime au printemps le chant du premier oiseau, la nature qui s'éveille. Je t'aime pour la transparence de tes eaux de cristal que le ciel ou les profondeurs font varier à l'infini, pour le charme de tes promenades, au bord du lac, le long du

ANNECY JE T'AIME

Thiou, pour ta vieille ville, miraculeusement préservée des hommes, par la volonté d'"Amis", d'amants courageux.

Oui, une mission exaltante. Comment aurais-je pu deviner où elle allait me conduire, au-delà de l'inconnu, des portes mêmes du mystère?
J'étais descendu rue de la Filaterie, à l'hôtel du Coin Fleuri, qui offre, pour un prix modique, un site classé unique, en plein centre et une gentillesse typiquement annécienne.

L'aventure commença un beau jour d'avril. Lors de mes promenades quotidiennes, au hasard des rues pittoresques de la vieille ville, j'avais décidé de photographier un peu au hasard ce que je connaissais déjà si bien.
Mais il fallut discipliner cet amour en friche et passer au second stade : la documentation. Je fus effrayé par tout ce qui avait déjà été réalisé sur ma chère Nessy. Comment pourrais-je faire mieux que Christian Regat, historien émérite de la vieille ville, que Jacques Rachel, que Jean-Pierre Laverrière, l'un des plus précis? Comment oser publier un ouvrage après la "bible" de Clément Gardet, le grand érudit annécien, Président de la célèbre Académie Florimontane, dont nous reparlerons? Pour moi, il ne restait qu'à composer un autre "ANNECY", complètement différent; en fait, un prolongement de ce qu'avaient réalisé mes aînés.
Il me faut avouer que je perdis un certain temps à poursuivre à travers les rues de la vieille ville, une charmante blonde à la curieuse chevelure tressée autour de la tête; bien sûr, j'ai tout de suite pensé à "Casque d'Or"; un moment, je l'ai suivie mais elle a disparu, à mon grand dam, entre la place Notre-Dame et la rue de la Filaterie, non loin de mon bel hôtel. "Errare humanum est", ma chère Brigitte ne m'en voudra sûrement pas, car j'ai le droit de penser, de temps à autre, à refaire ma vie. Hélas, j'ai persévéré...

ANNECY JE T'AIME

Devant le pont Morens, un attroupement attira mon atten-
tion. Je m'approchai et découvris un groupe de touristes
allemands; ils discutaient à propos d'un accident. Ma
connaissance de la belle langue de Goethe m'aida à
comprendre :
" C'est une petite fille. Elle est tombée dans la rivière!"
m'expliqua une plantureuse Germaine. La rivière! Excuse-
la, ô fleuve annécien, pardonne-lui son ignorance. Comme
si on pouvait t'appeler rivière, toi que des générations
de Savoyards émerveillés et reconnaissants ont toujours
appelé Thiou. Un homme, que j'assimilai aussitôt à l'heureux époux de la belle Gretchen, ajouta :
" Oui! Une petite fille. Elle a bien failli se noyer dans
    le Thiou!" Un Allemand lettré, mes amis, voilà qui est
plus conforme à mes idées sur le sympathique peuple qui
a vu naître Dürer, Schiller et Wagner. Je serais bien allé
jusqu'à le saluer mais sa plantureuse dulcinée reprit :
" C'est saint François d'Assise qui l'a sauvée!" Le mari
protesta.
" Ma femme veut dire : saint François de Sales. L'homme
    qui a plongé, pour secourir la petite, lui ressemblait,
    en effet. Coïncidence, bien sûr!
- C'était lui. Je suis très physionomiste. Je l'ai bien
    reconnu." L'Allemande, rouge d'émotion, admirative,
charmante dans sa naïveté fervente, essuya son visage
ruisselant de sueur avec l'extrémité de ses abondantes
nattes. Je parvins à reconstituer l'événement à l'aide de
quelques informations glanées çà et là. Une fillette qui
joue sur la balustrade (notez bien : je n'ai pas écrit
balustre!). Un gros chien trop affectueux qui l'effraie ou
peut-être, la pousse. Un plongeon bruyant. La panique de
la foule un peu stupide, hébétée. Et le plus étonnant :
un vieillard chauve à la longue barbe blanche, curieusement costumé, qui se jette à l'eau et ramène la petite
sans connaissance. Un touriste médecin la ranime aussitôt.
Soupirs de soulagement de la foule toujours aussi figée.
Enfin, applaudissements frénétiques pour saluer le vaillant

sauveteur... qui, en fait, a disparu, sans doute pour se soustraire à l'admiration trop exubérante des badauds.

Les estivants se remémorèrent alors les belles histoires racontées sur le saint d'Annecy; un rapprochement entre les portraits qu'ils ont vus et le sauveteur tombe sous le sens : c'est un nouveau miracle!

Je me fis décrire ce vieillard courageux par plusieurs autres spectateurs; les avis divergents me firent plaindre les pauvres policiers devant enquêter sur le moindre événement. Pourtant, même si les descriptions, farfelues et contradictoires, jetaient un certain discrédit sur la valeur de mes témoins, je fus sûr d'une chose : l'homme était vraiment chauve et portait une barbe longue de cinq ou de dix, peut-être même de trente, bons centimètres.

L'enfant avait déjà été emmenée par une ambulance.

Je me tournai à nouveau vers mon enquête. Et si les miracles existaient? Allais-je terminer ce reportage converti? Ou mieux, curé, évêque même? Au pays de saint François, cela n'étonnerait presque personne.

Ces idées en tête, je m'appliquai à prendre au passage quelques clichés du Thiou.

ANNECY JE T'AIME

AUTOPSIE D'UN MIRACLE.

La réponse à cette énigme me fut donnée par une jeune dame, responsable d'une officine de poteries, rue Sainte-Claire. Comme je lui demandais son avis sur le fameux "miracle", elle se mit à sourire :

" Saint François de Sales? On prétend en effet qu'il est l'auteur de nombreux miracles. Je me souviens de l'histoire d'une petite fille, morte noyée dans le Thiou je crois. Quelqu'un, qui n'est pas François de Sales, en tout cas, car il venait de mourir, est allé repêcher le cadavre de l'enfant, déjà raidi par l'eau glacée. Sa mère a invoqué le nom du défunt; la petite morte s'est alors redressée en s'écriant : "J'ai faim!" Quelques années plus tard, elle devenait visitandine.

- Vous voulez dire "bonne soeur"?
- Evidemment. C'est saint François de Sales et sainte Jeanne de Chantal-Rabutin qui ont fondé l'ordre de la Visitation. Vous voulez mon avis sur votre pseudo-miracle? Le bon François n'y est pas pour grand chose. Ce serait plutôt un coup de notre "Papageno".
- Papageno? Celui de la "flûte enchantée"?
- Oui; mais surtout, celui d'Annecy. Il s'agit d'un sympathique bonhomme devenu un peu fou depuis que sa femme l'a abandonné; elle devait être allergique à la musique. Il dort dans une petite chambre sans aucun confort, sous les toits, je ne sais où. En fait, le plus souvent, il est dehors. Papageno vit un peu comme un vagabond, mais il est propre, courtois; il ne boit pas, ne fume pas, n'ennuie personne. Bien au contraire, il est d'une bonté sans limite et je soupçonne certains d'entre nous d'en profiter souvent. Je ne comprends pas comment une femme a pu quitter un être aussi parfait. C'est un peu l'ami de tout le monde. Même de la police.
- Je crois qu'ici, elle est plutôt bon enfant?
- Vous savez bien où la municipalité l'a installée : sur

ANNECY JE T'AIME

la place même que vénérait Jean-Jacques Rousseau, celle
qu'il voulait entourer d'un "balustre d'or"!" Bien sûr,
j'ai une certaine dette vis-à-vis de cette maréchaussée
bienveillante. J'y ai des amitiés; elle m'a souvent rendu
service au cours de ma mission. Pour l'heure, j'étais plus
intéressé par le héros du Thiou.

" Curieuse figure que votre Papageno, en effet. De quoi
vit-il?

- Il est très cultivé et il connaît par coeur la "Flûte" de
Mozart. Alors, habillé en oiseleur...

- Avec des plumes?

- Mais oui! Tout emplumé! Il joue des clochettes, de la
flûte ou de l'orgue de barbarie et il chante, à travers
les vieilles rues d'Annecy, pour le grand plaisir des
touristes. Vous pensez si les Allemands sont ravis! Les
autres aussi d'ailleurs. Son air favori est celui de
l'oiseleur, à sa première apparition. Il chante aussi la
mélodie bouche fermée, vous savez, quand on lui a mis
un cadenas sur les lèvres pour l'empêcher de trop se
vanter...

- Incroyable! Je ne l'avais encore jamais rencontré.

- Ici, tout le monde le connaît et l'apprécie. Il rend de
menus services. Parfois, il parle comme Cyrano de Berge-
rac : il se trouve laid.

- Je crois que je commence à comprendre. Vous allez me
dire qu'il est chauve, qu'il porte une grande barbe
blanche...

- Bien! Continuez! Vous allez deviner!

- Papageno le sauveur de fillette! Un mystère de résolu.
Merci beaucoup. Et comment s'appelle réellement votre
phénomène?

- Je l'ignore... ou peut-être... Roissy ou Boissy... Faites
donc un tour jusqu'à la Visitation. A cette heure, je ne
serais pas étonnée que vous le rencontriez!" Je suivis
son conseil sans attendre.

ANNECY JE T'AIME

LA VISITATION

En parvenant devant cette fameuse basilique de la Visitation, à l'architecture romane néo-byzantine, si décriée jusqu'alors, je fus frappé par son caractère imposant. Combien avait-il fallu de sacrifices aux donateurs du monde entier pour aboutir à la réalisation d'un édifice tel que celui-ci? Un monument de cette importance, quel qu'il soit, joue son rôle dans un paysage. Commencée en 1922, la basilique fait partie intégrante, depuis 1930, du site d'Annecy et il faut l'apprécier comme tel. J'entrai par une porte sur la droite, d'un pas décidé. Bien que non croyant, cette large voûte, soutenue par d'imposantes colonnes de marbre, l'atmosphère de recueillement qui régnait dans l'édifice et le souvenir fascinant des deux saints à qui cette basilique est dédiée, firent monter en moi une certaine émotion.

De chaque côté de l'autel, ont été disposés les sarcophages contenant les restes terrestres de saint François de Sales et de sainte Jeanne de Chantal. Des gisants or et rouge les représentant ornent les sépulcres. Les vitraux illustrent, bien sûr, des épisodes de leurs valeureuses existences.

au dos : — la basilique de la Visitation.
         — détail du sarcophage de saint François de Sales.

ANNECY JE T'AIME

SAINT FRANCOIS DE SALES

Assis sur un banc, un homme paraissait plongé dans ses pensées, la tête penchée en arrière. Je ne crois pas qu'il priait; aussi, m'asseyant à ses côtés, sans le regarder, je murmurai :

" Monsieur Papageno, pour ce que vous avez fait ce matin, merci." Dans le silence de la basilique, mon propre chuchotement m'avait surpris. Le vieillard répondit :

" Vous êtes le père de la petite?

- Pas du tout. Je passais par là. Les touristes allemands m'ont tout expliqué. Vous savez qu'ils s'imaginent avoir assisté à un nouveau miracle de saint François de Sales?" C'était vrai qu'il lui ressemblait. Il n'était pas vêtu de ce fameux costume de plumes dont m'avait parlé la femme aux poteries, mais d'un simple pantalon en velours beige et d'une chemise écossaise; à ses côtés, je ne remarquai aucun instrument. Il tourna légèrement son regard dans ma direction puis, se remit à fixer un point imaginaire, devant lui. Sûrement vieilli par la longue barbe grise, il paraissait plus de soixante ans. Les yeux très clairs, vifs, intelligents, surprenaient. Soignées, appuyées sur le dossier du siège, devant lui, ses mains tremblaient un peu.

" Comment m'avez-vous retrouvé?

- N'est-il pas logique de rencontrer saint François dans sa basilique?" Il haussa les épaules en souriant :

" Que connaissez-vous sur ce personnage?" La douceur de la voix du bonhomme m'impressionna. Je fis l'étranger un peu ignare, qui cherche à se documenter; peut-être simplement pour l'entendre parler :

" Pas grand-chose, mais j'avoue qu'il me fascine. Vous rendez-vous compte que vous lui ressemblez?" Il se leva et se dirigea lentement vers la sortie en répondant :

" C'est voulu. Vous savez, ma vie est un théâtre continuel.

au dos : saint François de Sales (Notre-Dame-de-Liesse) de Jean Stellio, peint après la Libération.

ANNECY JE T'AIME

- Un théâtre lyrique.
- Oui; j'éprouve une véritable passion pour Mozart. C'est en... en voyageant que j'ai appris la musique. J'avais le temps. La partition de la "Flûte", je la connais à peu près par coeur et je pourrais chanter tous les rôles.
- J'irai vous voir. Pourquoi ne chantez-vous pas aujourd'hui, comme d'habitude?
- Vous le voyez bien : il y a trop peu de monde. Et puis, je réfléchis." En fait, il grelottait; il ne faisait pourtant pas froid devant ce kiosque aux souvenirs, sous les grands arbres; son bain forcé, sans doute, l'avait rendu malade. Soudain, sans même me regarder, il se mit à parler, en articulant ses mots, avec une grande douceur :

" Saint François est né au château de Sales, à Thorens, vous connaissez? non loin d'Annecy. C'était le 21 août 1567, c'est-à-dire, pour vous situer, la même année que le grand compositeur italien Monteverdi, trois ans après Shakespeare et Galilée, le physicien astronome italien; vous savez sans doute qu'il défendra ses théories fort controversées. Il faut se souvenir que le massacre des protestants, le jour de la Saint-Barthélémy, date de 1572." Il s'arrêta; autour de nous, plusieurs touristes s'étaient approchés. Je bredouillai, pour relancer la biographie parlée :

" Ses études universitaires ont été brillantes!
- Oui. Elles le conduisirent bientôt à porter la robe, mais celle des avocats, au Sénat de Savoie. Il était féru aussi de droit ecclésiastique et après une très grave maladie, contractée en Italie, à Padoue, d'où il faillit bien ne jamais revenir, il devint prêtre à Annecy, en 1593. Sa mission consista surtout à lutter contre la foi calviniste qui avait envahi tout le Chablais. Eh oui! des protestants en Savoie! La signature du traité de Vervins, en 1598, entre Henri IV et Philippe II d'Espagne ramena la paix. Le travail patient du missionnaire put ainsi aboutir aux "Quarante heures de Thonon" :

au dos : montée vers le château.

ANNECY JE T'AIME

les protestants, il les avait combattus à sa manière, douce et persuasive. Pas à coups de baïonnette, comme à la Saint-Barthélémy. "Cujus regio, ejus religio", telle est la religion du Prince, telle celle du pays. François fut un Prince pour le Chablais. Tant et si bien que ce jour-là, trois mille calvinistes abjurèrent leur foi en faveur du catholicisme. Un résultat qui devrait faire réfléchir beaucoup de monde. Sa seconde mission le conduisit à Paris, où il rencontra le truculent Henri, quatrième du nom, pour lui présenter une requête en faveur des catholiques du pays de Gex, déjà rattaché à la France à cette époque. Subjugué par la personnalité de François, Henri IV lui proposa l'évêché parisien. Mais notre Annécien refusa, par amour pour ses "aspres montagnes", comme il disait si bien." Autour de nous, les touristes se multipliaient. Il haussa le ton en continuant :

" Donc, le voilà évêque dans notre Savoie, où il succède à un certain monseigneur Granier, saint homme ma foi. Sa tâche est de réorganiser son diocèse, qui s'étend sur plus de six cents paroisses réparties en Savoie, en France et dans le Genevois. Je crois bien qu'il se fait aimer de tous, par son exemple, par la vigueur de ses écrits et de ses sermons; à tel point que de son vivant, déjà, un grand nombre de miracles lui sont attribués."

A nouveau, l'homme se mit à frissonner. Son regard escalada la flèche de la basilique, à travers les arbres, redescendit vers les voûtes romanes du porche et finit par se poser sur moi. L'oeil bleu était limpide; il me transperça l'âme.

" Il faut dire que beaucoup d'événements, après quatre siècles passés, sont difficiles à prouver. Pensez! L'existence même de son contemporain Shakespeare et l'authenticité de son oeuvre, sont mises en doute. En fait, ce qui importe est la foi populaire que recueillit saint François, homme hors du commun, le bien qu'il fit, les souvenirs, l'oeuvre qu'il laissa." Papageno paraissait

au dos : la cour du palais de l'Isle.

ignorer que les yeux d'une trentaine de personnes étaient suspendus à ses lèvres :

" En 1606, fut fondée la fameuse "Académie Florimontane", la fleur des montagnes étant une inépuisable source d'inspiration pour les artistes de toute nature. Les responsables en furent François de Sales et le président Antoine Favre, l'éminent magistrat; Honoré d'Urfé, le romancier inépuisable de "l'Astrée", à l'origine du mouvement "précieux", fit partie des quarante premiers Florimontans. Ce fut sur ce modèle, mon cher, que trente ans plus tard, Richelieu fonda l'Académie Française. Le fils du président Favre, Claude, seigneur de Vaugelas et baron de Pérouges, le grammairien réputé, occupa le fauteuil numéro 32 dans lequel devaient s'asseoir Lucien Bonaparte, Alfred de Vigny et Maurice Rheims, à présent." Traversant la foule, il se dirigea sous le porche qu'il traversa jusqu'au belvédère. Après avoir enveloppé la ville d'un regard amoureux, il continua :

" En 1608, paraît le plus célèbre ouvrage de François de Sales, l'"Introduction à la Vie dévote", un succès immédiat, retentissant, qui aura des prolongements dans toute la chrétienté. L'un des plus grands événements de sa vie est sa rencontre avec Jeanne-Françoise Frémyot, mère de six enfants et veuve du baron de Rabutin-Chantal. Elle devint son amie la plus proche.

- Madame de Sévigné est sa petite fille, je crois?
- C'est exact. Cette rencontre aboutira à la concrétisation du rêve de la sainte : la fondation de la communauté des Visitandines, le 6 juin 1610, un mois à peine après la mort du bon roi Henri.
- La Savoie ne faisait toujours pas partie de la France, à cette époque-là?" fis-je, pour dire quelque chose. Mon interlocuteur approuva de la tête.

" L'ordre de moniales la "Visitation Sainte-Marie" était né. A l'origine, et selon les voeux de François, les soeurs devaient visiter les malades, sortir, rendre service. La hiérarchie catholique grinça des dents et les

ANNECY JE T'AIME

Filles se retrouvèrent bientôt cloîtrées. Ce sera Vincent
de Paul, sur les conseils de François, qui réalisera ce
rêve, avec ses petites soeurs de Saint-Vincent-de-Paul.
Le 2 août 1911, l'ordre des Visitandines fut tranféré
dans le couvent attenant à cette basilique, qui sera
contruite de 1920 à 1930, pour se terminer réellement en
1949." L'orateur était revenu sur ses pas jusqu'au musée attenant à la construction. Il entra et tous le
suivirent. Des statues de cire représentent les deux saints
allongés, dans des châsses aux vitres transparentes. La
ressemblance de notre guide improvisé et du saint parut
encore plus évidente et certains touristes se poussèrent du
coude. Papageno conclut, sur un ton solennel :
" Ce fut au cours d'un voyage avec Charles-Emmanuel de
Piémont, duc de Savoie, après avoir rencontré le jeune
roi Louis XIII, que François de Sales mourut, d'une
hémorragie cérébrale, le 28 décembre 1622. La Fontaine,
Molière, Pascal venaient de voir le jour. La même
année, un certain Maffeo Barberini allait devenir pape,
sous le nom d'Urbain VIII. Il était né en 1568,
quelques mois après François de Sales. Notre annécien
fut canonisé en 1665; Jeanne de Chantal, sa très grande
amie spirituelle, un peu plus d'un siècle après." Les
touristes emplissaient le petit musée. Mon étrange ami se
fraya un passage parmi eux, entraînant tout le monde
dehors où il s'écria à mon intention, comme s'il ne
remarquait personne :
" Le message de François de Sales conduit à la recherche
de l'amour, de la bonté, de la sainteté partout où
vivent les hommes. Jeanne de Chantal prêcha de son
côté avant tout la fidélité, à Dieu, au prochain, au
devoir, à la famille. Ce fut pour remercier notre chère
ville d'Annecy d'avoir donné au monde entier ces deux
saints que toute la Terre a réuni des dons pour
construire cette basilique grandiose." Papageno eut soudain un geste d'une surprenante rapidité; il fouilla sous
sa chemise écossaise, en ramena un grand chapeau de

au dos : l'hôtel du Coin Fleuri.

paille écrasé qu'il creusa d'une main et, le tendant à la foule, il fit, à plusieurs reprises :

" Merci pour le guide. Merci!" Le dernier miracle de la journée s'opéra. Le chapeau s'emplit de pièces et même, de billets. Lorsque les touristes s'éloignèrent, ravis, il me rejoignit, sans vouloir remarquer le billet que j'avais jeté parmi les autres et, me prenant par l'épaule, il fit :

" Habituellement, c'est Mozart qui me nourrit. Cette fois, c'est ce bon vieux saint François. Vous voyez mon ami, croyant ou non, il faut se souvenir de ces êtres qui purifient notre monde; et les imiter si possible.

- Croyants ou non, dites-vous? A présent que nous sommes seuls, je vais devenir sacrilège. La sainteté me paraît impossible chez un être intelligent et François de Sales l'était. Pour moi, il a su faire croire à tous qu'il était parfait et cela, c'est déjà un miracle; était-ce par orgueil ou par pure générosité? Je n'en sais rien. Il l'a fait. Non, je ne crois pas à la sainteté des hommes.

- Qui vous dit qu'il y croyait lui-même, à sa propre sainteté?" Je le regardai avec suspicion :

" Vous êtes un curieux homme, Papageno. Je n'arrive pas à vous cerner. Où vous situez-vous exactement?

- Partout et nulle part. Vous savez, je m'interroge aussi sur l'existence de l'acte gratuit.

- Ne me dites pas cela! Pas vous qui venez de sauver de la noyade une pauvre gosse.

- Je l'ai fait parce que je me trouvais là. J'étais bon nageur, autrefois. Et encore, parce que... Bon sang! je n'ai pas à me justifier devant vous! J'ai été le plus rapide, c'est tout. Comment va la petite?

- Très bien merci. En somme, il faisait chaud et vous en avez profité pour prendre un bon bain!

- Voilà! C'est tout à fait cela." Il eut un frisson.

" S'il vous plaît monsieur Papageno..." Un peu agacé, il m'interrompit :

" Vous savez que parfois, j'en ai assez qu'on m'appelle ainsi. Mon nom est François." Ce fut à mon tour de

au dos : l'ancien hôtel de ville.

frissonner en le dévisageant soudain.
" François? Décidément...
- Que vouliez-vous me demander?
- Voilà. Vous êtes un guide parfait. Accepteriez-vous de descendre avec moi en ville... quelques minutes seulement bien sûr?
- D'accord. Mais attendez-moi un instant." Il se dirigea vers le musée. Intrigué, je le suivis discrètement. A ma grande surprise, il jeta tout le contenu de son chapeau dans un tronc.

En fait, j'avais décidé de le conduire à l'hôpital. Il fit grise mine quand les soignants parlèrent d'une semaine de repos.

Chaque jour, je vins lui rendre visite, dans sa petite chambre blanche. Il me fascinait, par sa grande bonté, sa patience, son humour aussi.

Jean-Jacques Rousseau et le Balustre d'Or.
En bas, joli magasin,
rue du Pâquier, non loin de l'hôtel de Sales.

BALUSTRE D'OR

ANNECY JE T'AIME

JEAN-JACQUES ROUSSEAU

" Mon jeune ami, vous perdez tout votre temps à l'hôpital!
- François, j'apprends plus en votre présence qu'à parcourir la ville et les manuels!
- Et vos photos?
- Les brumes de chaleur enveloppent la montagne. Il me faut un bel orage pour laver l'atmosphère. En attendant, un reproche : les infirmières me disent que vous lisez tard. Soyez plus raisonnable!
- Allons bon, voilà Le Bret qui grogne...
- Le Bret?... Ah oui! Celui de Cyrano.
- Je suis bien ici.
    "J'ignorais la douceur féminine. Ma mère
    "Ne m'a pas trouvé beau. Je n'ai pas eu de soeur.
    "Plus tard, j'ai redouté l'amante à l'oeil moqueur.
    "Je vous dois d'avoir eu, tout au moins, une amie.
    "Grâce à vous, une robe est passée dans ma vie." Il
arrêta là sa citation de Cyrano et me sourit :
" Je voulais dire, la robe des infirmières!
- François, je n'aime pas que vous me citiez Cyrano dans cette circonstance. Ce sont presque ses derniers vers, au dernier acte, juste avant sa mort. Vous, vous êtes en pleine forme.
- De quoi faut-il parler aujourd'hui? Je tiens à écrire une nouvelle page de la gazette de ma chère Nessy.
- De Jean-Jacques Rousseau.
- Rousseau? Vous savez qu'on le croit toujours français. En fait, il était Genevois et protestant; puis, comme madame de Warens, sa protectrice, il se convertira au catholicisme.
- Pas pour longtemps.
- Vous avez raison, il reviendra à la foi protestante. En fait, Jean-Jacques Rousseau ne fera que passer à Annecy. En mars 1728, à peine âgé de seize ans, il se rend à pied de Genève à Annecy.

au dos : les rues piétonnes.

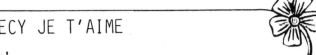

ANNECY JE T'AIME

- Chez madame de Warens!
- Exactement. La belle était appointée par l'évêché de Gex et la Maison de Savoie. A la fois espionne politique et prosélyte dévote, elle convertissait, comme François au siècle précédent. Rousseau dit même qu'elle ressemblait à Jeanne de Chantal.
- Une espionne!
- Il faut bien vivre. En fait, toute l'histoire de Rousseau dans notre ville, chez nous, se résume à sa rencontre avec la chère "maman" de vingt-huit ans, sur cette fameuse place; le palais épiscopal n'existait pas alors. Madame de Warens prit une grande importance dans sa vie, surtout par la suite, à Chambéry, où elle devint aussi sa maîtresse. Il écrivit, dans ses "Confessions", à propos de leur première entrevue :
  "Je dois me souvenir du lieu; je l'ai souvent depuis mouillé de mes larmes et couvert de mes baisers. Que ne puis-je entourer d'un balustre d'or cette heureuse place! que n'y puis-je attirer les hommages de toute la terre! Quiconque aime à honorer les monuments du salut des hommes n'en devrait approcher qu'à genoux."
- Vous connaissez cette citation par coeur?
- Oui, c'est vrai, j'ai une excellente mémoire." Il me confia soudain :
  " Ne trouvez-vous pas que ce serait cocasse si chaque gardien de ville rentrait à l'hôtel de police à genoux, sous prétexte de respecter Rousseau?" Nous rîmes de concert. Une infirmière entra à cet instant; elle nous trouva hilares. Papageno avala d'un trait le contenu du bol qu'elle lui tendit.
  " Et une drogue de plus!" La fille en blanc, une Guadeloupéenne corpulente et souriante, montra ses dents blanches pour un bon gros-rire et tourna les talons.

  " Annecy, pour Rousseau, c'est juste quelques souvenirs. Il n'est pas encore le philosophe, ni même le musicien. Ses premiers écrits intéressants ne datent que de 1731,

au dos : Notre-Dame-de-Liesse. Sous le restaurant Revil, la librairie Grandchamp.

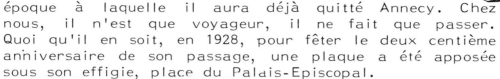

époque à laquelle il aura déjà quitté Annecy. Chez nous, il n'est que voyageur, il ne fait que passer. Quoi qu'il en soit, en 1928, pour fêter le deux centième anniversaire de son passage, une plaque a été apposée sous son effigie, place du Palais-Episcopal.

- A côté de l'hôtel de police.
- Eh oui! Faute de moyens, on s'est résigné à dresser un simple balustre doré d'un peu plus d'un mètre de large en arc de cercle devant son effigie, pour le geste. Il existe même un joli magasin, dans la zone piétonne, qui porte le nom de "Balustre d'Or". Croyez-moi Arnaud, le véritable grand homme d'Annecy, c'est le Président Favre et son fils Vaugelas.
- Et surtout saint François de Sales." Il ne répondit pas, poursuivant une idée qu'il exprima soudain :
" Vous savez ce qui serait intéressant pour votre livre? : rencontrer un personnage comme Georges Grandchamp, place Notre-Dame, ou Clément Gardet, Président de l'Académie Florimontane." Ma visite se termina sur ces mots. François m'adressa un clin d'oeil et me serra rapidement la main. La sienne était brûlante.
En sortant de l'hôpital, pour la seconde fois de mon séjour à Annecy, j'aperçus parmi les visiteurs, les malades ou les médecins, le visage de "Casque d'Or", ma jolie blonde à la chevelure tressée. Je m'étonne que son apparition radieuse n'ait pas créé un attroupement : elle est si belle! J'étais intimement persuadé de la retrouver un jour, au cours de mon reportage. Prémonitions? Peut-être eût-il mieux valu que j'ai tort sur ce point.

Clément Gardet était en vacances mais je pus prendre rendez-vous avec Georges Grandchamp.

La Manufacture

Le palais de Justice

Le centre Bonlieu

ANNECY JE T'AIME

GEORGES GRANDCHAMP

Mon entretien avec le Président des "Amis du Vieil Annecy" devait se révéler fort fructueux. Fondée en 1932, alors que la mode était loin des préoccupations de ce genre, la Société des "Amis" a été largement avantagée par cette ancienneté, qui est l'un de ses plus grands atouts. Composée au départ de notables, professions libérales surtout, elle s'étoffa vite. Georges Grandchamp en fit partie dès la Libération. Son rôle fut et demeurera de préserver l'unité de style de la vieille ville; sa réussite est exemplaire. En témoigne la parfaite intégration de la fameuse "Manufacture", en fait immeuble contemporain (voir la couverture du présent ouvrage) qui a remplacé l'ancienne filature Sainte-Claire, celle-là même qui pendant un siècle et demi connut la prospérité promise à la grande industrie du coton –trois mille ouvriers en 1858!–. Hélas, l'inflation du coût du coton aboutit à une première fermeture en 1864; ensuite, l'entreprise, telle une peau de chagrin, régressa lentement, face aux textiles synthétiques, qui finirent par provoquer sa fermeture définitive en 1955.
On peut imaginer la patience, la ténacité, le courage de ces "Amis", qui ont su "sensibiliser l'opinion à cette idée de respect d'un ensemble urbain ancien et cohérent".
" Les médias vous ont beaucoup aidés je crois? Qui? Le Dauphiné? Le Progrès? Le Messager?
- Tous en bloc, sans exception. Il faudrait n'en citer aucun de peur d'en oublier. Tous les supports savoyards : le Courrier, l'Essor, le Républicain. Même la revue du Diocèse, parfois. Un effort unanime pour lequel nous sommes reconnaissants. Qui plus est, nous avons bénéficié de l'appui total de toutes les associations locales, des habitants de la vieille ville, des commerçants, du Festival. Le P.A.C.T. (association pour l'amélioration de l'habitat) aussi. André Malraux lança les "secteurs sauvegardés", qui connurent une certaine vogue.

au dos : l'étonnant magasin des « Nouvelles Galeries » et le Parmelan.

ANNECY JE T'AIME

Nous avons voulu protéger aussi les quartiers. C'est ainsi qu'en 1962, est créée l'association pour la sauvegarde des quartiers anciens : "CIVITAS NOSTRAS", avec Lyon et Fribourg. Annecy a presque toujours représenté le Rhône-Alpes dans les réunions internationales." Le dynamique Maire-adjoint paraissait prendre plaisir à notre entretien.

" Quel a été le rôle de la Municipalité?

- Notre collaboration a été parfaite avec tout le monde, l'Administration des Monuments Historiques, à tous les niveaux, la Direction des Musées de France, avec les Municipalités aussi bien sûr. Le travail fabuleux de Charles Bosson, à présent sénateur, qui est resté Maire pendant vingt ans...

- Vingt ans! Et il a été battu?

- Pas du tout. Il avait décidé depuis toujours, de ne rester que vingt ans et de démissionner... Imaginez les budgets à voter pour restaurer le château, par exemple, à partir de 1953! Et toutes les autres réfections, les achats de terrains. En 1959, Charles Bosson, m'a appelé à la Mairie, en tant qu'Adjoint aux Affaires Culturelles. Son successeur, André Fumex, est resté dans la même lignée courageuse.

Sur le plan environnement, nous avons acquis, en trente ans, plus de quatre cents hectares d'"espaces verts". Le Plan d'Occupation des Sols, approuvé en 1978, a permis de compléter cette action en rendant inconstructibles des zones entières, essentielles à l'environnement des générations futures. Il y a eu aussi l'opération pour acquérir toutes les rives du lac. Cela n'a pas été sans mal non plus. Je crois bien que nous sommes la seule commune au monde à posséder la totalité de ses rives. Cela a représenté trente ans de travail.

- A présent, vous touchez au but!" Georges Grandchamp me regarda avec surprise à travers ses lunettes :
" Le but! C'est un travail qui ne s'achèvera jamais. Le Château à finir de restaurer, le Palais de l'Isle, la

au dos : la plage des Marquisats.

ANNECY JE T'AIME

Cathédrale, Saint-François, l'Ancien Evêché, le Novel!
Rien n'est jamais fini, croyez-moi!"

L'homme me laissa abasourdi. Il existe donc bien de tels êtres dont le labeur incessant aide à conserver intact un patrimoine d'une pareille beauté. Merci monsieur Grandchamp, de tout ce que vous avez fait et de tout ce que vous allez encore réaliser pour notre chère Nessy.

Notre entretien s'achevait; l'irruption d'un groupe de touristes dans la librairie fit se lever mon interlocuteur.

" Monsieur Grandchamp, il n'y a que vous qui puissiez nous dépanner, pour notre rallye." Chaque personnage exhiba un questionnaire ronéotypé; le plus résolu de tous posa aussitôt la première "énigme" :

" Pourquoi le château n'est-il pas tourné vers le lac?" Le bon monsieur Grandchamp ne protesta même pas de cette intrusion au milieu de son travail. Il sourit benoîtement, la tête légèrement penchée en arrière, pour mieux fixer ses interlocuteurs :

" Pourquoi voulez-vous qu'il le soit? L'ennemi ne venait pas de l'eau, en ce temps-là. Plutôt d'Italie." Une autre question fusa aussitôt, dès que quinze stylos eurent inscrit la réponse sur la feuille imprimée :

" Jusqu'en quelle année le Palais de l'Isle a-t-il servi de prison?

– Officiellement, jusqu'en 1864; mais lors de la dernière guerre, on y a encore enfermé des résistants.

– Par où l'armée française pénétra-t-elle dans Annecy, à la fin du XVIIème siècle?" Georges Grandchamp ne prit même pas le temps de la réflexion. Il avait posé ses deux mains sur une table couverte des dernières parutions régionales –Il entretient l'une des plus belles vitrines de la ville en ce domaine– et répondit calmement, comme une véritable encyclopédie parlante annécienne :

" Par la porte du Sépulcre bien sûr. Cela se passait le 17 août 1691. L'intrusion coûta fort cher à notre ville. Sûrement plus encore que les dépenses actuelles des "Amis du Vieil Annecy"." Les réponses, données sur un

au dos : le port, non loin de l'île des Cygnes.

ton tranquille, assuré, presque paternel, n'empêchaient pas le libraire de scruter de temps à autre l'ensemble de sa boutique, où pourtant, deux vendeuses courtoises et tout à fait charmantes l'assistent. Les questionneurs n'étaient pas encore rassasiés; plus exactement, leurs feuillets comportaient encore quelques blancs :

" Où sont les sépultures des Evêques d'Annecy?

- Cela tombe sous le sens : dans la cathédrale. Voyez la chapelle du Saint Sacrement, côté droit." Il y eut encore deux ou trois questions. Le libraire érudit y répondit sans aucun mouvement d'impatience, toujours en souriant. Je compris que pour parler de sa ville, il aurait pu rester debout une journée entière, appuyé sur les livres qu'il aimait, puisant dans sa prodigieuse mémoire les réponses aux énigmes les plus alambiquées.

Le groupe sortit enfin, en remerciant à peine. Déjà, un client s'adressait au libraire au sujet d'une édition ancienne de la revue "Annesci", éditée par les "Amis". Georges Grandchamp la lui sortit en quelques secondes de derrière ses étalages et se mit à l'entretenir de la "Revue Savoisienne", de la célèbre "Académie Florimontane". Puis, comme il se tournait vers moi, je le remerciai de mon mieux; il ajouta, un peu sévèrement :

" La manière dont vous avez conduit notre entretien ne me satisfait pas. Je ne suis qu'un maillon d'une longue chaîne et il se trouve que c'est moi que vous avez interrogé. Mais nous n'avons pas assez parlé de tous les autres. Surtout de Charles Bosson, le véritable instigateur de cette rénovation, le pilote, le grand capitaine du navire "Annecy". Moi, je ne suis qu'un modeste boutiquier besogneux." Je le saluai en souriant et m'éclipsai, emportant mes précieuses notes. J'avais compris qu'il ne me restait qu'une alternative : ou bien rogner mon texte de tout ce que je pensais de ce grand Annécien, ou bien renoncer à une glorieuse préface... Tant pis pour la préface, j'écris ce que je pense.

au dos : la porte Perrière.

ANNECY JE T'AIME

NOUVEAU MIRACLE?

La veille au soir, lorsque je l'avais quitté, Papageno avait la fièvre. Sa tristesse de rester enfermé m'avait fait de la peine. Je prenais une photographie de la Porte Perrière et de la jolie maison située derrière elle, à l'extérieur, lorsque j'entendis des clochettes, un orgue de barbarie. Une voix interprétait Mozart; je reconnus l'air bouche fermée de Papageno. C'était François! Il chantait lui-même Tamino répondant à ses "Hmm hmm..." Bien sûr, je me précipitai. Il y avait foule dans la rue, devant l'église Saint-François et le Palais de l'Isle. L'air était terminé; tous applaudirent.
" François! Vous vous êtes échappé! C'est de la folie!"
L'homme hocha la tête :
" Allons mon ami, ne vous faites pas de souci..." Un petit garçon d'environ sept ans s'approcha en boîtant.
" Monsieur, joue encore des clochettes!
- Oui je vais jouer, pour toi tout seul. Tu as mal au pied?
- J'ai buté contre une pierre en venant." Le vieil homme prit le gamin dans ses bras. Je le vis passer sa main plusieurs fois devant les yeux du petit. Le regard de mon ami se figea, devint brillant.
" Ah! bredouilla-t-il, ému. Tu ne nous vois pas?
- Non Monsieur. Mais je vous entends très bien! Jouez!"
D'une main, François tourna la manivelle de son orgue; les plaques s'empilèrent en accordéon; l'enfant battait des mains. A côté de moi, j'entendis une femme demander :
" Il y a longtemps qu'il est aveugle?
- Trois ans. A la suite d'un accident." répondit un peu tristement celle que j'imaginais être la mère. A quelques pas, François avait posé sa main sur le front du gosse et lui murmurait quelques mots à l'oreille. Puis, en s'approchant de nous, comme s'il connaissait la mère, il lui rendit l'enfant et affirma :

au dos : la « boutique du château ».

" Madame, il faut prier saint François; il fait parfois des miracles savez-vous?" Et il repartit vers son orgue.

" Pa - pa - pa - ge - no..." Le petit aveugle s'était blotti contre sa mère. Celle-ci était prostrée : sans doute priait-elle, au milieu de la foule. L'effet fut pour le moins foudroyant car on entendit bientôt la voix aiguë de l'enfant traverser toute la place :

" Maman! Regarde la belle église derrière le monsieur en plumes! C'est Saint-François?" La pauvre femme pâlit; un frisson la parcourut. Papageno avait fini son air. Le public, tourné vers cette nouvelle attraction, applaudit à peine la performance de celui qui avait chanté à la fois Papageno et Papagena. L'étonnement était à son comble.

" Que se passe-t-il?

– C'est cet enfant! Il était aveugle. A présent, il voit.

– On dit que c'est un miracle!" La mère s'était baissée vers son petit :

" Claude! Regarde-moi!

– Oui maman. Tiens! Tu as mis ton serre-tête rouge." La femme prit la foule à témoin :

" Il voit! Il voit! Mon Dieu, c'est un miracle de saint François! Un miracle." Je la laissai à sa joie délirante, au milieu de la foule qui commençait à comprendre elle aussi que quelque chose venait de se passer. J'avais rejoint mon ami.

" Allons-nous en, me dit-il. Ces gens-là n'écoutent plus." Il posa son costume emplumé sous son orgue, avec les clochettes et la flûte et tira le chariot, m'entraînant vers le Thiou, par le quai de l'Isle jusqu'au pont Morens que nous traversâmes presque en courant.

" Expliquez-vous François." J'étais essoufflé; lui encore plus.

" Laissez-moi respirer, fit-il. Venez, je vous emmène au château." Il laissa sa carriole dans une courette, au passage.

au dos : le château vu du quai Bayreuth.

ANNECY JE T'AIME

LE CHATEAU

Nous parvînmes devant la place du château, hors d'haleine et avançâmes aussitôt sous le porche :

" Je ne suis pas d'accord avec la restauration de cette entrée. Les "Amis du Vieil Annecy" n'existaient pas à l'époque, cela se voit! Vous savez que notre château est l'exemple le plus parfait de ce que nos chers "Amis" veulent à tout prix éviter : la succession des styles anachroniques. Voyez : nous avons ici la tour de la Reine, du XIIème; là-bas, c'est le Vieux Logis, primitivement du XIIIème, mais défiguré au XVème, siècle qui vit aussi la construction du Logis Perrière. Au XVIème, ici, Charlotte d'Orléans fit élever le logis Nemours. Il y eut ensuite d'autres restaurations, bien sûr. La dernière en date est la plus respectueuse : c'est celle de notre Municipalité, nouvelle propriétaire du château, depuis 1953.

- Il n'aurait plus manqué qu'on construise sur la place un superbe ensemble du style "Beaubourg"!
- Oui, cela aurait marqué la patte du XXème.
- Je m'enferme dans la place forte avec cinq cents hommes d'armes et autant d'ouvriers. Venez me déloger.
- Mon cher Arnaud, il vous faudrait chanter longtemps dans les rues, et faux! pour amasser les fonds nécessaires!" La plaisanterie me ramena à des pensées plus immédiates :

" Que s'est-il passé?" Il parut fort embarrassé.

" Est-ce que je sais moi? Ce gosse est venu vers moi; je l'ai un peu secoué et lui ai montré l'église. Il est retourné vers sa mère en criant.

- Vous saviez bien qu'il était aveugle.
- Oui je le savais. Je n'y comprends rien. Il était écrit qu'il devait revoir aujourd'hui, parce que je l'ai secoué un peu trop fort peut-être. Ou l'émotion de la musique... Mozart sans doute... Que sais-je?

au dos : le château vu du pont Morens.

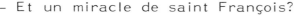

- Et un miracle de saint François?
- Oui. Mozart... ou saint François. Pourquoi pas?" Un groupe de touristes bruyants passa devant nous. Papageno reprit ses explications.
" Vous rendez-vous compte! Ce château était à vendre, il
   y a trente ans! Et personne n'en voulait! Vous m'enten-
   dez? Personne! Je l'aurais bien acheté, si j'avais su,
   moi.
- Il valait mieux pour votre petite bourse que ce soit la
   Ville. Quel travail que cette restauration!
- Oui n'est-ce pas?" On eut dit qu'il en était responsable.
" Mon cher ami, si vous voulez être utile à quelque
   chose, dans votre livre, notez que l'on devrait écrire
   "BOSSON GRANDCHAMP et FUMEX" en lettres d'or, un peu
   partout dans le château. On a bien écouté Rousseau!
- Promis! Attendons deux cents ans pour voir." Il se mit
   à rire gentiment, un bon gros-rire de gorge qui me ravit.
Redevenant sérieux, il recommença :
" Quels hommes tout de même!
- Il en faut. Il faut aussi des saints." Il tourna la tête
vers le Logis Perrière et bougonna :
" Cessez vos allusions Arnaud. Elles sont puériles. Vous
   savez, les coïncidences, cela existe. Faites-moi l'amitié
   de ne pas croire à vos sornettes. Laissez-moi vivre en
   paix mes derniers mois; je suis déjà assez empoisonné
   par cette ressemblance. Si j'en joue parfois, c'est un
   peu par dépit." Soudain, devant moi, à quelques mètres,
sans que j'en sois surpris, comme si je l'attendais,
"Casque d'Or" venait d'apparaître. Cette fois-ci, je pus
l'observer distinctement. Elle était vraiment belle. Des
yeux verts, un nez court et mutin, une bouche sensuelle,
un joli petit menton; son corps, à la taille incroyablement
fine, était parfait. Elle! Elle était là, devant moi.
" François, regardez!" Il se retourna trop tard. La belle
   venait d'entrer dans le château.

au dos : impasse du Tripot, la tour Perrière du château ;
        sur la gauche, un angle de la « boutique du château ».

ANNECY JE T'AIME

Bien sûr, nous la cherchâmes un bon moment, à travers les salles innombrables. Personne ne l'avait remarquée. C'était à devenir fou. Mon vieux compagnon me parut soudain très las; pourtant, il eut la force de sourire de mon désappointement.
" Allons, vous la retrouverez. Annecy n'est pas si grande!
– François, dites-moi..." Je ne pus terminer ma phrase : mon ami avait perdu connaissance. Tous ces événements m'avaient fait oublier qu'il était malade!

Le retour à l'hôpital, en ambulance, fut sinistre.
" Mon ami, on va te sauver, tu vas voir. Ce serait trop injuste. Quelle imprudence aussi!" Il ne reprit connaissance que dans son lit, après l'intervention rapide mais efficace de l'interne de service. L'hôpital d'Annecy jouit d'une réputation tout à fait méritée.
" Merci de t'être occupé de ma vieille carcasse mon petit. Je me demande si elle en vaut la peine." Il m'avait serré la main. Le tutoiement me fit plaisir. Dans le regard fatigué de ce vieillard d'à peine soixante ans, je lus tout l'amour du monde, une grande bonté, une tolérance si rare chez nos contemporains. Ses doigts tremblaient de fièvre.
A présent, je me demande s'il n'était pas sorti simplement pour sauver cet enfant. Non! C'est impossible! Comment aurait-il pu?...
Je n'étais qu'à la moitié de mon reportage et déjà, j'avais croisé l'amour et l'amitié, un amour insaisissable, fort et pur, une amitié étrange, douce, inquiète.

Rien n'est aussi effrayant pour l'Eglise qu'un miracle. Mon enquête auprès des autorités religieuses sur tout ce qui avait pu se produire d'approchant ces derniers temps fut à peu près négative. On parlait à peine, avec prudence, de quelques vagues cas troublants... Il en fut autrement auprès des fidèles eux-mêmes. On me parla d'un jeune garçon de dix-sept ans, qui marchait à l'aide de

au dos : le château vu du port.

béquilles. Il avait retrouvé l'usage de ses jambes il y a
six mois, inexplicablement... Une petite Dominique, deve-
nue aveugle à l'âge de cinq ans, s'était remise à voir
l'hiver dernier. Un garçon paralytique, au début de
l'été, était même retourné dans sa Maurienne natale sur
ses jambes! Des faits étonnants, qui n'avaient pas bénéficié de la publicité méritée. Ils prirent une toute autre
dimension lorsque j'acquis la certitude que chacun de ces
"miraculés" avait rencontré ou aperçu en tout cas, Papageno, le chanteur de rue, quelques instants avant leur
guérison, que l'on attribuait, bien sûr, à saint François
de Sales.

" Coïncidences mon pauvre ami. Coïncidences. Vous me
faites de plus en plus de peine de vous mêler de ces
histoires de bonne femme. Laissez dire. A propos de
miracle, vous savez que je sors demain. Cette fois avec
l'accord du Médecin-Chef.
- Bravo. J'en suis ravi. J'ai l'intention de vous emmener
autour du lac, en promenade. Qu'en dites-vous?
- Je suis partant. A la condition que vous me promettiez
de ne plus me parler de ces sornettes.
- Promis. Sur la tête de saint François." Il haussa les
épaules en riant.

ANNECY JE T'AIME

AUTOUR DU LAC

Nous entreprîmes notre fameuse promenade huit jours plus tard.

En passant devant l'église Saint-Maurice, nous croisâmes un cortège funèbre. Alors, je fus pris d'un tel fou-rire que François, d'abord boudeur, se mit à rire lui aussi, sans savoir pourquoi.

" Allez-vous m'expliquer, vilain garnement, ce qui vous réjouit ainsi." Devant son air faussement bourru, mon fou-rire repartit de plus belle. Je parvins à articuler :

" Je ne peux pas... C'est défendu..." Il me regarda interrogativement. Le cercueil sortait de la grosse berline noire. Il dut comprendre car son regard clair fonça subitement. Une colère menaçait. Mais il se reprit presque aussitôt :

" C'est malin. Là, vous exagérez franchement!" Je venais de penser, en voyant ces malheureux, derrière le cercueil, quelle tête serait la leur si le mort se mettait soudain à frapper sur le couvercle de sa boîte pour demander à sortir. Deux aveugles, un paralytique. Il ne manquait plus qu'un mort...

" Ecoutez mon petit, je vous rappelle vos promesses de ne plus parler de tout ceci. Disons que je suis peut-être un peu guérisseur sans le savoir et n'en parlons plus.

- François, je vous trouve trop tranquille, trop doux, trop bon pour un guérisseur normal.

- Je n'aime pas que vous parliez ainsi. Je ne suis ni fou, ni sage. J'essaie de vivre proprement. Si vous saviez! Je sens parfois la colère bouillonner en moi, comme l'eau sur le feu. Mais j'ai fait un pacte avec ma langue de ne dire mot lorsque je suis en colère. Je suis un violent, en fait. Je sais me contenir, c'est tout."

Nous venions de passer les plages et arrivions à Sévrier. J'observai mon ami, assis à côté de moi. Je me sentais heureux en sa présence, presque bon.

au dos : le mont Veyrier et la plage d'Annecy-le-Vieux.

ANNECY JE T'AIME

Mais stoppé au feu de Saint-Jorioz, je m'énervai un peu. D'autant plus que l'automobiliste derrière moi, (sûrement un Parisien!) klaxonna un millionième de seconde après le passage au vert. Je fis un démarrage en trombe.

" Arnaud, vous me faites de la peine quand je vous vois ainsi. Vous êtes agacé, agressif.

– Vous avez raison, je me cabre à la moindre anicroche. C'est dans ma nature.

– Non, c'est dans la nature de l'homme, tout simplement. Moi aussi je serais agressif si je ne me dominais pas. "Ultima ratio regum", avait fait graver Louis XIV sur ses canons, c'est-à-dire "ultime argument des rois". Il faut bannir cet argument-là.

– Evidemment, vous, vous êtes un s..." Je retins le mot en apercevant le regard de reproche qu'il me lançait.

" François, j'ai horreur que l'on m'agresse, que l'on me double lorsque je roule à 95 sur une nationale, que...

– Stop! Assez jeune homme! Un seul mot : tolérance! Lorsque l'on vous agresse, comme vous dites si bien, songez un peu à ce que vous feriez dans la même situation que votre vis-à-vis : dans la plupart des cas, la même chose. Alors, soyez tolérant, souriez. Cherchez à rendre service, pour le plaisir, partout, en toutes occasions. Cela ne coûte rien et chez nous, c'est plus facile qu'ailleurs. Pensez à la joie intérieure que vous ressentez lorsque vous vous êtes arrêté pour aider un conducteur en panne; ou bien quand vous faites des appels de phare pour prévenir les gens d'en face de la présence de policiers. Prenez aussi le temps de vivre, pour vous, bien sûr, et un tout petit peu plus pour les autres... Oh! Pardonnez-moi Arnaud; je suis confus de vous donner tous ces conseils stupides. Moi qui grogne contre les prêcheurs..." Je le dévisageai curieusement depuis un moment; ce fut sans doute la raison de cette volte-face de sa part. Quel homme était-il en réalité? Que de changements avais-je pu lire en lui depuis sa maladie...

au dos : le petit train du Champ-de-Mars ; en bas, un manège de la Belle Époque, malheureusement détruit par un incendie pendant l'été 1981.

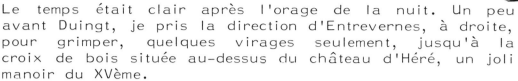

ANNECY JE T'AIME

Le temps était clair après l'orage de la nuit. Un peu avant Duingt, je pris la direction d'Entrevernes, à droite, pour grimper, quelques virages seulement, jusqu'à la croix de bois située au-dessus du château d'Héré, un joli manoir du XVème.

" Ce site est sublime! fit François. Le Veyrier à gauche, les dents de Lanfon devant, la Tournette à droite et ce lac si bleu aujourd'hui! Merveilleuse région!

- On voit nettement la séparation du grand lac et du petit.

- Autrefois, ils étaient dissociés par une barre entre le rocher de Chère et la presqu'île de Duingt." François contemplait le paysage, immobile, tandis que je prenais mes photos, maudissant l'abondance de fils électriques, désavantage d'une région riche en énergie...

" Arnaud, savez-vous que les châteaux d'Héré et de Duingt ont appartenu à la famille de Sales?

- Non. J'ai simplement lu que Duingt a été restauré au tout début du XIXème. Ce doit être l'un des coins qui a le plus enrichi l'industrie photographique..."

Ensuite, il y eut le "Bout du Lac", Doussard et nous décidâmes de pousser jusqu'au col de la Forclaz.

" J'en suis à ma cinquième ascension en deux mois." Papageno fronça les sourcils.

" Vous aimez le site à ce point-là?

- Oui; mais à chaque fois que je suis monté, des brumes de chaleur m'ont empêché de prendre le lac dans son intégralité. Aujourd'hui, je crois que ce sera la bonne."

Le temps était en effet idéal. Comme d'habitude, je me lançai dans une gymnastique dangereuse pour trouver un premier plan correct : les fleurs ont toujours ma préférence et j'en apercevais un massif naturel un peu plus bas. François hocha la tête en me voyant descendre avec tout mon matériel.

La photo, aux lointains vaporeux, permet tout de même d'admirer le lac presque dans sa totalité. C'est un spectacle unique.

au dos : le château de Duingt et les dents de Lanfon.

ANNECY JE T'AIME

Notre périple se poursuivit avec la visite de Talloires, patrie du célèbre chimiste Berthollet.

Sans pousser jusqu'au belvédère du Roc de Chère, ce qui eût constitué une trop grande promenade pour un convalescent, nous atteignîmes tout de même la première corniche, qui offre des échappées exceptionnelles sur la baie, où les voiliers affluent en cette saison estivale, la presqu'île de Duingt et son château, le petit lac, d'un bleu-vert étourdissant. Des massifs montagneux, très divers, encadrent ce site inoubliable.

Nous n'avions plus le temps de monter au mont Veyrier; tout juste celui de prendre quelques photos du château de Menthon-Saint-Bernard.

Pour le soir, j'invitai mon ami au "Grand Alexandre" où nous pûmes joliment dîner d'une exquise cuisine, jeune et pleine d'imagination, qui fait un peu penser à la fameuse "Vanoise" de Chambéry, mon restaurant favori. Sur mon guide personnel, j'inscris le "Grand Alexandre" pour trois étoiles.

"Vedi Nessy et poi muori" avait dit François, "Vois Nessy et meurs", une transcription heureuse de l'admiration des Italiens pour Napoli.

Durant toute cette journée, il ne se passa rien de particulier, rien que l'amitié. Ce fut l'une des plus belles de tout mon séjour à Annecy. Je regagnai mon hôtel du Coin Fleuri le coeur joyeux, heureux.

au dos : la baie de Talloires vue du roc de Chère.

ANNECY JE T'AIME

L'EGLISE SAINT-FRANCOIS

" Arnaud, vous tenez vraiment à m'emmener dans votre périple religieux?

- Résolument, si vous n'y voyez pas d'inconvénient.

- Non bien sûr. J'aime ces églises, toutes. On dit parfois qu'il n'existe pas de vrais monuments chez nous. C'est faux et je m'insurge contre cette affirmation d'amoureux trop modestes. Le fameux guide "Michelin" ne nous a guère aidés; il est vrai qu'on parle d'étoiler enfin notre "château"; mais il n'est pas le seul à mériter cet hommage. Saint-François, par exemple, fut, en son temps, le plus bel édifice religieux de toute la Savoie, lorsque la mère Marie-Aimée de Blomay la fit rebâtir, à la place d'une chapelle datant de 1612, laquelle avait elle-même été agrandie et consacrée par saint François de Sales, le 30 septembre 1618. Cette nouvelle église fut sanctifiée en 1652, par le propre neveu du saint, l'évêque Charles-Auguste de Sales." Nous admirions la belle façade baroque de l'édifice.

" Je trouve que la restauration extérieure a été exécutée à la perfection, remarquai-je.

- Ce n'était qu'un simple coup de plumeau. L'intérieur en aurait également fort besoin! On est bien loin de la fastueuse église où se déroulèrent les grandioses cérémonies de la canonisation de saint François, en 1666, puis de sainte Jeanne de Chantal, un siècle plus tard. Malheureusement, la Révolution est venue tout détruire. Comme si on pouvait supprimer la religion du jour au lendemain! Un de ces échecs qui a conduit à la pseudo-création de l'Etre Suprême.

- Je vous rappelle que François lui-même a connu des échecs. Théodore de Bèze, le successeur genevois de Calvin ne fut jamais converti bien que notre saint ait été chargé de cette tâche, difficile, évidemment. Sa fameuse mission auprès de Henri IV, en faveur des

au dos : le château de Menthon-Saint-Bernard et les dents de Lanfon. En bas, le lac vu du col de la Forclaz.

revenus perdus des prêtres du pays de Gex échoua aussi : les protestants étaient trop puissants à la Cour. Et puis, c'est beaucoup à cause du traité de Vervins que les Chablaisiens purent se convertir, sans risquer de voir les protestants débarquer en force : la paix signée facilita grandement les choses.

- Arnaud! Ne classez pas cette réussite parmi les échecs, je vous en supplie! Il a pris des risques incroyables là-bas. Alors que cinquante prêtres avaient été chassés à coups de hallebardes, que les presbytères venaient d'être pillés ou incendiés, pendant trois ans, il est resté seul contre tous. Il a réussi des conversions spectaculaires, et cela entièrement seul.
- Oui, bien sûr. Je cherchais simplement à vous piquer. Croyez-vous en Dieu?
- En doutez-vous? Et vous Arnaud?
- On peut croire dans l'existence des saints sans croire en Dieu.
- On peut croire en Dieu sans croire à la sainteté de certains hommes.
- François, les catholiques croient aux deux." Il y eut un long silence, lourd de réflexion. Mon ami s'était appuyé à la margelle du pont sur le Thiou, tournant le dos au Palais de l'Isle pour mieux admirer la façade baroque de l'église. Il s'enquit soudain, sans me regarder :
" Arnaud, mon petit, que pensez-vous de la religion?" Je me mis à sourire et ne répondis qu'après un silence :
" Il y a longtemps que je l'attendais, cette question. Depuis combien de temps vous brûle-t-elle les lèvres?
- Taisez-vous, vous divaguez une fois encore. Vous me prenez vraiment pour ce que je ne suis nullement. Je ne cherche pas à vous convertir, s'il y a lieu. Vous vous trompez complètement sur moi Arnaud. Allons, répondez-moi tout de même.
- Mon opinion va vous décevoir." Je laissai passer une nuée de Japonais bardés d'appareils photos qui crépitaient dans tous les sens, tels des mitrailleuses pacifiques. Je

IN FIDE ET LENITATE IPSIUS
SANCTUM FECIT ILLUM

vis, entre autres phénomènes, une jeune fille aux yeux bridés prendre une bonne douzaine de clichés de suite, dans toutes les directions, du milieu du pont, simplement en pivotant sur elle-même de quelques degrés à chaque déclic. Il y a tant de beautés à emporter!

" Je pense que la religion a suivi son chemin au fil des années. L'homme s'en est allé du côté de la Science, émerveillé, subjugué par ses propres découvertes. Un jour, chacun s'est retrouvé jûché au sommet de deux montagnes si éloignées l'une de l'autre qu'aucun pont ne saurait être construit pour les relier. Il y a quelques décennies, la religion suivait l'homme, l'assistait dans sa progression du berceau au sépulcre, pas à pas. A présent, quand on veut songer à elle, on lui trouve souvent un côté artificiel, désuet, anachronique. Elle ressemblerait plus à un obstacle placé entre la foi et l'homme, un fatras de rites, de contraintes à peu près insurmontables. Elle n'a pas su s'adapter face à sa grande rivale : la Science, faute de réalisme. Elle n'a pas voulu ou pas su transposer son théâtre démodé, mises à part quelques modifications qui sont avant tout le fait d'hommes isolés et ne sont même pas acceptées par tous. Mais oui François, pour moi, l'affaire de Dieu, c'est avant tout l'affaire des hommes, alors qu'il nous faudrait des saints." Pour la première fois depuis le début de notre amitié, le mot "Dieu" avait été prononcé.

" Mon ami, vous êtes un hérétique. Si cela continue, vous allez fonder une énième nouvelle religion!" Pris par mon sujet, je n'avais même pas pensé à ma mission de peintre-photographe. J'y remédiai aussitôt en effectuant quelques mesures de lumière. François me cloua de stupéfaction par son aveu :

" Vous voyez, en fait, je suis un peu de votre avis." Suffoqué, je le dévisageai, oubliant d'appuyer sur le déclic, alors que mes réglages étaient terminés. François me réservait-il un effet d'élocution? Il continua :

" N'oublions pas qu'un seul homme pourrait modifier à lui

au dos : la façade baroque de Saint-François.

seul cette situation, c'est Jean-Paul II. Il lui faudrait
employer les méthodes les plus actuelles pour réussir
avec nos contemporains. Nous voyons les misères. Pour
trouver les remèdes, il faudrait du génie. C'est ce que
nous attendons de notre Pape mais la route est bien
longue. Je ne verrai pas la fin du voyage, s'il aboutit
un jour. Il faut à la fois enseigner et émouvoir. Un
événement comme l'attentat dont il fut victime et son
exploitation exceptionnelle par les médias peut frapper
les imaginations, créer l'émotion, la pitié; et de la
pitié à la piété, il n'y a qu'une voyelle à changer.
- Je pense que sur ce plan, Reagan a aussi été aidé.
  Pour la légende, l'"aura".
- Eh oui! Un rien peut faire basculer les gouvernants de
  ce monde, donc l'Histoire. Il faut si peu pour qu'une
  vie soit anéantie... ou transformée en légende!
- D'où vient votre pouvoir, François?
- Mon pouvoir? Quel pouvoir?" Il paraissait sincèrement
surpris. Au bout de quelques secondes seulement, il accep-
ta de comprendre le sens de ma question :
" Vous savez, j'ai été un très grand pêcheur. Puis, il y
  eut l'accident, pénible, terrible; un énorme accroc dans
  ma vie. Alors, ma femme est partie. A ce moment, mon
  âme s'est détraquée, comme une horloge. Il m'a fallu la
  démonter, pièce à pièce et après l'avoir nettoyée et
  huilée, j'ai dû la remonter pour la faire sonner juste.
  Cela a pris des années." Il ajouta soudain en riant,
comme pour effacer la solennité du ton et des propos :
" Sans doute me suis-je trompé en consultant la notice.
- En quoi consiste précisément ce pouvoir?
- Je n'en sais strictement rien. Quelques coïncidences trou-
  blantes tout au plus. Mais après tout, peut-être suis-je
  un banal guérisseur.
- Pourquoi le cacher ainsi?
- Le cacher? Saint François disait : Quand le paon fait
  la roue pour se faire voir, en levant ses belles plumes,
  il se hérisse de tout le reste et montre de part et

au dos : Saint-François vue du port.

d'autre ce qu'il a d'infâme. Je préfère laisser faire la nature.

- Vous citez souvent saint François.
- Presque à chaque parole. C'est lui qui m'a aidé à devenir meilleur. Il est vrai que j'étais tombé si bas qu'il n'était pas difficile de remonter un peu. J'ai beaucoup lu de lui. Hélas, je suis comme le panier qui tire de l'eau, je ne conserve que quelques gouttes."

Nous étions enfin entrés dans l'église. L'état de l'intérieur déçoit. Il est vrai que sur les côtés, à gauche pour sainte Jeanne et à droite pour saint François, les tombeaux protégés de grilles, vides, symbolisent trop la déchéance de l'ancienne plus belle église de Savoie : les reliques des saints, en rejoignant par des chemins périlleux la Visitation, où leur situation est à présent inversée –François à gauche et Jeanne à droite– l'ont condamnée presque à l'oubli.

On eût dit que mon ami lisait dans mes pensées :

" Elle est triste cette église, n'est-ce pas?

- Oui, autant par ses murs que par sa solitude. Je vais encore jouer les Jean-Jacques Rousseau en rêvant de faire remplacer un jour ces grilles, découvrant des tombeaux vides, par des gisants. Un sculpteur contemporain pourrait créer ces statues. Une restauration adroite de l'intérieur compléterait la réhabilitation du monument.
- Le rétable du choeur est en fait une copie datant de la fin du siècle dernier. Evidemment, c'est la Révolution qui a vidé l'église de tous ses trésors. Comment les fidèles italiens, à qui elle est à présent réservée, pourraient-ils financer l'opération dont vous parlez!"

Nous sortîmes de l'édifice sans un mot.

au dos : le Thiou.

ANNECY JE T'AIME

LE PALAIS DE L'ISLE

A grandes enjambées, je m'avançai vers la rue Perrière pour admirer une fois encore le site de ce fameux "Palais de l'Isle".

" Encore! me fit François. Vous n'allez tout de même pas reprendre des clichés?

- Pourquoi pas?

- Oui, pourquoi pas après tout. Nous sommes dans le chapître religieux et la petite chapelle du Palais sert aussi d'église.

- Ah bon! Alors ça, je l'ignorais!

- Elle est le siège du culte russe orthodoxe d'Annecy."

Commencé au XIIème siècle, le Palais de l'Isle a d'abord été le siège de l'administration des Comtes de Genève; ce fut dès cette époque qu'il servit aussi de prison.

" Encore une chose que vous ignorez peut-être Renaud : en 1356, le Comte de Genève se mit à battre monnaie; son atelier fut installé dans le Palais.

- Juste avant de devenir la propriété des Monthoux de l'Isle, si je comprends bien?

- Oui. Il est redevenu Centre Administratif à partir du XVIème, après avoir été largement renforcé. Le Tribunal y siégeait et le Juge y habitait.

- Est-ce que le fameux Président Favre y a travaillé?

- Je pense bien que oui! Il est fort probable que son "Code Fabrien", celui qui ne sera détrôné que par le Code Napoléon, prit naissance ici, au fil des procès vécus par le juriste.

- Il paraît donc que tous les grands lieux de l'Histoire sont destinés à devenir un jour musées, comme celui-là!"

au dos : le Thiou.

ANNECY JE T'AIME

L'EGLISE SAINT-MAURICE

Il faisait doux, en cette fin d'après-midi de septembre. Nous mîmes un bon quart d'heure à rejoindre, en flânant, le parvis austère, comme il se doit pour une église érigée par un ordre mendiant tel que celui des dominicains.
" Il s'agit d'un des plus anciens édifices religieux parvenus à peu près intacts jusqu'à ce siècle." commença François avant d'entrer. Une fois à l'intérieur, il admira longuement la nef et le choeur, comme s'il les découvrait. Les murs se sont écartés lors de la construction et il a fallu édifier des contreforts à l'extérieur pour consolider l'ensemble. Pour comble, un affaissement de terrain se produisit lors de l'érection du clocher. Ce qui fit dire à mon ami qu'autrefois consacrée à Saint-Dominique, l'église, mendiante, était aussi éclopée! Saint Maurice, à qui elle est dédiée à présent, est patron d'Annecy et de la Savoie.
" Les travaux ont commencé pour le Cardinal de Brogny en 1422 et se sont poursuivis jusqu'en 1.427, à sa mort. C'est un bel exemple de gothique flamboyant savoyard. Il a fallu attendre 1491 pour qu'elle soit réellement terminée, grâce à l'ensemble des corporations de la ville. On remarque même des emblèmes inhabituels sur les clés de voûte, comme les ciseaux des tailleurs par exemple." Bien sûr, nous admirâmes une fois encore la chaire, qui provient en fait de l'ancienne église Notre-Dame-de-Liesse. Il faut se souvenir aussi, que le corps de sainte Jeanne de Chantal a été conservé ici de 1806 à 1826. Qui a dit qu'Annecy ne possède pas de monuments?

au dos : le palais de l'Isle.

ANNECY JE T'AIME

NOTRE-DAME DE LIESSE

Nous étions parvenus place Notre-Dame, devant la fontaine aux lions.

" Vous savez à quoi me font penser les quatre tortues portant cet obélisque de granit?

- A Chambéry.

- Bravo! Aux quatre éléphants de la fontaine du comte de Boigne! Les animaux sont aimés, en Savoie!" Nous étions parvenus place Notre-Dame, devant la fontaine aux lions. François jeta d'abord un coup d'oeil vers l'ancien hôtel de ville, dont le joli balcon en fer forgé, fleuri à ravir et la façade ocre attirent les regards. Puis il lut sur le frontispice de Notre-Dame la célèbre inscription qui rappelle qu'en 1566, alors que le saint Suaire était exposé à Annecy, dans cette collégiale, madame de Sales demanda et obtint du Seigneur un fils, qui devint saint François.

" Imaginez-vous que cette grande église fut d'abord un petit sanctuaire adossé à l'enceinte de la cité? Lieu de pélerinage à partir de la fin du XIème, elle s'appela Maria-Laeta, ce qui signifie Marie pleine de joie. Le nom se transforma en Notre-Dame de la Lée, puis en Notre-Dame de Liesse. L'église est réédifiée à trois nefs en 1360, alors qu'une nouvelle enceinte élargie l'englobe dans la ville protégée." La grande église était déserte lorsque nous y pénétrâmes.

" Ce fut le pape schismatique savoyard Clément VII, installé en Avignon, qui fonda en 1388 le jubilé septennal, dont les larges indulgences attirèrent des milliers de pélerins tous les sept ans, jusqu'à la Révolution de 1789.

- Est-il vrai qu'une colombe est venue se poser sur l'épaule de François, alors qu'il officiait?

- Cela eut lieu le 8 septembre 1614, à ce qu'il paraît. Si c'est une simple coïncidence, avouez qu'elle a de quoi frapper les imaginations!

au dos : la Vierge du chœur de Notre-Dame-de-Liesse.

ANNECY JE T'AIME

- Bien entendu, la Révolution a fait aussi ses dégâts ici?
- Hélas. Le choeur, qui se trouvait en ce temps-là vers la fontaine, fut rasé pour permettre de dégager la place Notre-Dame, dite place de la Liberté et d'y planter un arbre... de la liberté bien sûr! Tout ce qui restera de la nef servira de hangar et de magasin jusqu'en 1824, date à laquelle l'église est rendue au culte. Entre 1846 et 1855, on reconstruit la bâtisse en néo-classique, mais pour ne pas empiéter sur la place de l'Hôtel de Ville de l'époque, le choeur est placé à l'opposé de son emplacement primitif. L'Hôtel de Ville sera finalement abandonné en 1849, pour être installé dans les bâtiments qu'il occupe encore actuellement.
- En somme, il ne reste pas grand-chose de la collégiale originale.
- Le clocher néo-roman, celui-là même qui fut construit au début du XVIème : c'est à peu près tout." Bien sûr, je pris de nombreuses photographies de l'église, avec un soin tout particulier.

au dos : Notre-Dame-de-Liesse.

ANNECY JE T'AIME

LA CATHEDRALE SAINT-PIERRE

Il ne nous fallut que quelques minutes, après avoir traversé le square de l'Evêché, pour rejoindre la cathédrale.

" D'abord chapelle des Célestins, puis des Cordeliers, elle fut édifiée de 1535 à 1539, vouée à la sainte Croix et à saint François d'Assise. Elle n'était pas encore cathédrale, à cette époque. En fait, l'évêque de Genève, chassé par la Réforme, dut s'installer à Saint-Maurice, puis, à Saint-Pierre et en 1569, la modeste église devient cathédrale subrogée. Là, François de Sales fut ordonné prêtre en 1593. Il y officia en tant qu'évêque de 1602 à sa mort, en 1622. Ses reliques y reposèrent entre 1806 et 1826.

- Est-ce encore la Révolution qui va tout démolir?
- Non, pas pour Saint-Pierre. Simplement, le Concordat, signé en 1801, supprime l'épiscopat de Genève et crée un unique évêché savoyard à Chambéry. Ce n'est qu'en 1822 que la ville d'Annecy est rétablie évêché par Pie VII.
- N'est-ce pas ici que Rousseau chanta et joua de la flûte?
- Vous avez raison. La fameuse maîtrise où il travaillait, est située tout près d'ici."

au dos : rétable de la cathédrale Saint-Pierre.

ANNECY JE T'AIME

SAINT-JOSEPH DES FINS

Il se faisait tard; nous ne flanâmes que quelques minutes dans la cathédrale : mon projet était d'emmener mon ami à Saint-Joseph des Fins, ce sanctuaire contemporain achevé en 1940 par le célèbre architecte bénédictin dom Paul Bellot. Il fallait nous hâter pour arriver avant l'office de dix-neuf heures.

François ne connaissait pas cette basilique. Je crois même que s'il apprécia l'architecture extérieure, qui respecte une certaine tradition régionale, il ne goûta guère le royaume des lignes brisées que constitue l'intérieur.

" Pour ma part, avouai-je, je trouve cet ensemble harmonieux, élégant, très équilibré.

- Oui. J'aime assez les vitraux.

- Ils sont d'un certain Charlier. Dom Bellot est mort en 1944, à l'âge de 66 ans, quatre ans après avoir érigé cette basilique. Un moine architecte, c'est plutôt rare de notre temps, non?

- Oui, c'est certain. Pour ma part, je préfère son couvent des dominicaines de Vanves, qui est vraiment un chef-d'oeuvre. Il faudra tout de même que vous parliez, dans votre livre, du chanoine Amédée Foliet. C'est le curé-bâtisseur de cette église, un grand héros de la Résistance, un homme d'une trempe exceptionnelle. Laissé pour mort par les Nazis, il a survécu. C'est grâce à sa ténacité que Saint-Joseph a pu être construite."

Décidément, mon cicerone était incollable sur la vie annécienne.

Je sortis le premier. François mit un certain temps à me suivre. Je sais qu'il avait rencontré un prêtre et demandé à se confesser. Pourquoi à ce moment-là justement? Je ne compris pas tout de suite. Devant l'église, lorsqu'il me rejoignit, comme la déception m'avait rendu un peu hargneux, j'eus envie de le choquer.

" Nous parlions tout à l'heure de ceux qui croient en la

au dos : le château et le Thiou vus de Saint-François.

sainteté et des autres.
- Le malheur tient surtout dans ceux qui ne croient en rien.
- Le malheur? Ah bon. Je ne me trouve pas si malheureux.
- En êtes-vous si sûr?
- François, comment croire en un Dieu vengeur, qui ne pardonne pas et envoie en enfer? Comment croire en un Dieu orgueilleux au point de nous avoir créés simplement pour l'aimer et le servir? Quand je vous écoute, je crois à l'amour, je crois à l'homme. Pas en Dieu." Une soeur passa devant nous en souriant. Notre conversation s'arrêta sur ces mots. Elle ne devait jamais reprendre. Devant mes yeux, François eut un malaise et je dus le conduire encore une fois à l'hôpital, précipitamment, sans connaissance. Le médecin-chef consulté hocha la tête.

ANNECY JE T'AIME

LA CAMARDE

Au matin, il n'était toujours pas revenu à lui. Je n'avais pas bougé de sa chambre, assis dans un fauteuil, prostré. Vers cinq heures de l'après-midi, il ouvrit les yeux, m'appela et me dit, sans me voir :

" Vous rendez-vous compte! Le marquis de Lullin prétend qu'en 1630, à Lyon, Louis XIII, très malade, se fit apporter le coeur de saint François. Guéri, le roi fit fondre un coeur d'or pour en enchâsser la relique qui est à présent gardée à Venise. Le même marquis prétend qu'en 1648, ce fut au tour de Louis XIV d'être guéri d'une grosse fièvre et de la petite vérole, malgré un très grand péril. Toujours grâce aux reliques." Il se tut, épuisé, après avoir pris ma main. Il la serra quelques instants plus tard en me souriant malicieusement.

" Mais aussi, que diable allait-il faire, mais que diable allait-il faire dans cette galère?

- Taisez-vous!

- Hic et nunc... c'est pour maintenant, ami." Il voulut se soulever, tourna seulement le masque douloureux de son visage vers moi.

" Il y a malgré tout quelque chose que j'emporte et ce soir, quand j'entrerai chez Dieu..." Secouant doucement sa tête fatiguée, les cheveux collés au front par la sueur d'une souffrance invisible mais que je savais terrible, il se reprit :

" Non, mon panache, je l'ai perdu voici vingt ans, à Sallanches, et Dieu ne voudra pas de moi.

- Quelles que soient vos fautes, elles sont rachetées. A tout péché miséricorde. Vous n'avez pas le droit..." Il posa sa main brûlante sur mes lèvres.

" Un trop grand pécheur vous dis-je. Il ne voudra pas de moi." J'imaginai quelles fautes vénielles un homme tel que lui pouvait avoir à se reprocher!

Son état me paraissant inquiétant, je demandai le secours

au dos : le lac et l'île des Cygnes vus du pont des Amours.

d'un prêtre. François souriait toujours.

" Je me suis déjà confessé mais je ne suis pas digne de tout cela." Le prêtre administra l'extrême-onction, en quelques instants et s'écarta. Je repris la main de mon ami.

" François, ils vous recevront là-haut avec les honneurs, comme un saint." Il fit un geste de protestation et s'écria :

" Non, pas un ..." et ce fut tout.

au dos : le canal du Vassé ; au fond, le pont des Amours.

ANNECY JE T'AIME

PROMENADE NOCTURNE DANS NESSY

Je sortis de l'hôpital vers vingt heures. Avec stupeur, j'avais appris du médecin-chef le nom véritable du défunt : François de Boisy, le nom du Saint! Etait-ce possible? François de Boisy, seigneur de Sales? A devenir fou.

Le coeur serré de détresse, j'errai le long du lac; depuis les Marquisats, je longeai le quai Bayreuth, traversai le pont après m'être arrêté longuement devant la silhouette du Palais de l'Isle qui, de cet endroit, paraît enfoncé dans le Thiou. En suivant le port, je rejoignis les abords de l'Île des Cygnes, le pont des Amours, le Champ-de-Mars, jusqu'aux jardins de l'Impérial. Jamais le lac ne m'avait paru aussi beau. J'étais déchiré, désespéré et c'était comme si la beauté miraculeuse du site me soutenait, berçait ma douleur, pansait les plaies de mon âme. Dans la nuit qui tombait, les reflets, dans l'eau limpide, du ciel et des montagnes, se troublaient çà et là sous la progression lente d'un cygne attardé. Devant moi, de l'autre côté du lac, dans le lointain un peu brumeux, rosi par le soleil couchant, se dessinait la silhouette élancée de la Visitation. Sur la droite, après quelques toits, je devinais les contours triangulaires du château. Il n'y avait pas un nuage dans le ciel, sinon à l'horizon. Le silence était presque total. Il faisait doux. La beauté sublime s'offrait sans mélange à mes yeux émerveillés et les larmes me vinrent, brouillant quelques instants cette immensité du beau. François ne les aurait pas aimées. Je sus les arrêter à temps pour voir disparaître complètement le soleil derrière l'horizon tourmenté. Et la raison revint. Je fis demi-tour et rentrai.

au dos : Saint-Joseph-des-Fins.

ANNECY JE T'AIME

LA REVELATION

Je deviens véritablement fou. En parcourant l'oeuvre de saint François, tout le jour et une grande partie de la nuit, j'ai retrouvé la manière de parler de mon vieil ami et même, vingt citations de l'évêque de Genève, entendues de la bouche de Papageno. Pire. Dans un petit ouvrage intitulé "Pouvoir de saint François de Sales" édité par les religieuses de la Visitation d'Annecy en août 1911, j'ai appris qu'un jeune garçon de dix-sept ans, sur ses béquilles, avait été sauvé par François, il y a presque quatre siècles; et aussi, une petite Dominique, aveugle à cinq ans. Enfin, saint François aurait rendu la vue à un jeune Claude de sept ans, qui s'était foulé l'orteil avant de rencontrer le saint et qui boîtait. QUI BOITAIT!
J'ai lu encore que saint François se disait lui-même violent; qu'il avait parfois de la peine à se contenir; que toute sa douceur légendaire était voulue, volontaire.
Alors? Ai-je côtoyé un saint ou sa réincarnation?

Je dormis quinze heures d'affilée, après avoir passé plusieurs coups de téléphone à des amis.
Au matin, j'étais devant le balustre d'or et j'entrai à l'hôtel de police. Il fallait que je sache.
" J'hésite beaucoup à vous donner les renseignements, monsieur Nivolaz." Le policier prit un air grave.
" Est-ce qu'on ne vous a pas appelé pour moi?
- Si, si. Ne vous faites pas de souci, vos relations sont sûres." Il sourit, secoua la tête et ouvrit enfin son dossier.
" Ce n'est pas tout à fait ce que vous attendiez, j'imagine... Voilà. François Boisy. Tenez, quelques photos. Le reconnaissez-vous?" Avec une stupéfaction qui fit faire la moue au commissaire, je pris le jeu de clichés qui représentaient mon cher François de face et de profil, comme un bandit; le numéro matricule 3254 E.F. était

ci-dessus : le cloître Saint-Joseph et le château vus du port.

ci-contre : les arcades de la rue de la Filaterie.

En bas, cracheurs de feu devant Saint-François.

inscrit sous chaque vue anthropométrique. Le policier me
dévisagea presque avec pitié. Il faut dire que mon regard
devait être brillant d'émotion. Alors, commença pour moi
la descente aux enfers.

" De son vrai nom Jacques Cément, il est né à Thônes.
   Marié. Une fille. Veuf en 1976. Tout cela, ne nous inté-
   resse guère. Voyons plus loin. Existence irréprochable
   jusqu'en 1959. Il est alors industriel décolleteur, à
   Scionzier. Quelques problèmes financiers l'entraînent à
   licencier les trois quarts de son personnel. Fin 1959, il
   attaque la Banque de Savoie de Cluses. Apparemment
   seul. Butin : cinquante mille francs, sans casse." Le policier fit un aparté :

" Il ne sera pas pris, cette fois-là, mais reconnu plus
   tard par des témoins. Je continue. Janvier 1960, toujours
   seul, il attaque le Crédit Lyonnais de Sallanches.
   Intervention de la police. Une fillette de six ans,
   Martine Revaz, est blessée grièvement. On ne sait par
   qui exactement d'ailleurs. Mais elle mourra pendant son
   transfert à l'hôpital et après tout, c'est Cément qui a
   déclenché la fusillade, dans un mouvement d'affolement.
   Condamné à vingt ans en février 1962, il ne fera même
   pas appel. Il est libéré pour bonne conduite en 1978."
En refermant le dossier, l'homme conclut :

" Au procès, Cément a sans doute voulu se punir lui-
   même, il ne s'est pratiquement pas défendu. Il a fallu
   commettre un avocat d'office. Sa famille l'a complètement
   abandonné.
- Vous connaissez bien le dossier.
- Certains journalistes ont accusé la police de tirer trop
   tôt. L'I.G.S. s'en est mêlée... Non seulement Cément a
   refusé de témoigner contre les policiers, mais il s'est
   accusé de tout. Un drôle de bonhomme. Il était étroite-
   ment surveillé depuis sa libération, par principe. Jamais un rapport négatif sur lui ne m'est parvenu, bien
   au contraire. Conduite mieux qu'irréprochable. Il est
   évident qu'il a été très choqué par la mort de la

fillette; la sienne avait à peu près le même âge à l'époque. Il l'adorait : il l'avait eue sur le tard. Certaines méchantes langues prétendent que les coups qu'il a pris à son arrestation l'ont un peu détraqué. En tous cas, tous l'ont toujours considéré depuis sa libération comme un brave type. En prison, on l'appelait le moine. C'est fou ce qu'il a pu se cultiver pendant ces seize années. Il est mort d'un cancer à l'hôpital d'Annecy, jeudi dernier. Mais cela, je crois que vous le savez déjà." J'avalai difficilement ma salive et répétai :
" Oui, un brave type.
- Il y a des mécanismes qui se bloquent parfois. Même ceux de l'homme.
- Il le disait, lui aussi." Après un long silence, je m'aperçus que le policier attendait mon départ et je me levai lentement.
" Vous me disiez qu'il avait une fille?
- Oui, très belle à ce qu'on affirme; mais tout à fait irréprochable. C'était la seule à venir le voir régulièrement, dans le plus grand secret, d'autant plus qu'il avait changé de nom. A tel point qu'elle ne le saluait même pas dans la rue. Elle vit à Chambéry. Sans doute sera-t-elle seule à connaître Jacques Cément, aux obsèques. Pour François de Boisy, il y aura du monde, ça, je puis vous l'assurer." Il me serra la main; c'était une bonne pâte de flic, comme on en rencontre parfois.
Curieux de savoir comment pouvait être la fille d'un homme comme François... je veux dire Jacques Cément... non, François!, je sortis et ne jetai même pas un coup d'oeil vers Jean-Jacques Rousseau et son balustre d'or.

au dos : l'ancien hotel de Sales.

ANNECY JE T'AIME

CASQUE D'OR

Oui, il y eut du monde. Les chroniqueurs des médias affirmèrent même, selon la formule consacrée, que, pour un simple clochard, tout Annecy était venu!

En sortant du cimetière, je n'avais qu'une idée en tête : accoster cette jeune fille au cheveux d'or toute de noir vêtue. Oui, car une autre surprise m'était réservée lors de la funèbre cérémonie : "Casque d'Or" était là! Ma stupéfaction fut d'autant plus grande de la rencontrer, qu'elle paraissait faire partie des proches du défunt. Je n'hésitai qu'un instant.

" Mademoiselle, Mademoiselle s'il vous plaît!" Elle se retourna, belle à me faire gémir de ne la rencontrer qu'en cette circonstance.

" Oui?

- Je suis... un ami du défunt." Un éclair passa dans ses yeux verts. En reprenant sa marche lente, elle demanda d'un air las :

" Il en avait beaucoup. Que me voulez-vous?

- Etiez-vous... sa fille?" Cette idée m'était venue sans doute de ce que j'avais lu dans ses yeux clairs; elle approuva de la tête.

" Pourquoi ne me disait-il rien de vous alors que moi, je lui parlais sans cesse de "Casque d'Or"?" Il me sembla qu'elle avait eu un imperceptible sourire; en tout cas, elle s'était arrêtée.

" Casque d'Or? C'est gentil. D'où me connaissez-vous pour me gratifier d'un tel surnom?

- Je vous ai souvent rencontrée, au hasard de mon reportage à Annecy. Je prépare un ouvrage photographique sur la ville.

- Il ne vous disait rien de moi peut-être parce qu'il avait honte de son passé et que je suis sans doute le seul lien entre ce qu'il a été et... ce qu'il est devenu. Vous ne pouvez pas comprendre.

au dos : L'hôtel Boringe, le palais de l'Isle et le Thiou.

- Je sais tout... depuis hier seulement... Connaissiez-vous ses pouvoirs?" Elle avait voulu reprendre sa marche; ma question la fit s'arrêter à nouveau et elle me dévisagea soudain avec une grande innocence. J'aurais voulu la serrer contre moi, parce qu'elle était la fille de François, parce qu'elle était belle, parce que j'en étais amoureux, depuis si longtemps. Soudain, je revis dans ces yeux d'autres yeux clairs, ceux de ma femme; il me souvint de l'accident, terrible, atroce, de mes responsabilités, d'une autre cérémonie funèbre et de mon horrible solitude, après.

La jeune orpheline comprit en partie mon émotion. Elle continua sa marche vers la vieille ville. Alors, pour n'en avoir encore jamais parlé à personne, je dus lâcher la bonde de ma tristesse, épancher mon coeur lourd de toute cette misère et je me mis à lui raconter ma vie; la mort de ma chère Brigitte, ma solitude étouffante et surtout, François, mon ami. Elle écouta tout, sans m'interrompre une seule fois, sans cesser de marcher à travers la ville. Nous avions fini par nous asseoir à la terrasse d'un salon de thé, juste devant l'église de saint François, là où son père... ou qui d'autre alors?... avait rendu la vue au petit Claude, celui qui boîtait...

Lorsque mon récit fut achevé, lorsque furent redites les dernières paroles de François "Dieu ne voudra pas de moi", ma belle interlocutrice sanglotait en silence.

au dos : le Thiou, Saint-François et l'arrière du palais de l'Isle.

ANNECY JE T'AIME

NESSY, JE T'AIME

Elle m'abandonna quelques secondes pour téléphoner puis, nous allâmes dîner ensemble, juste sous mon hôtel, au "Vieux Necy". J'y venais parfois, après une journée de reportage, déguster une pizza, solution économique et savoureuse; en fait, le "Vieux Necy" propose surtout une cuisine française, riche et agréable, parfois géniale dans la tradition. Le cadre est pour le moins spectaculaire, guerrier et certains viennent de très loin admirer la collection d'armes, absolument unique en son genre. Mais ce soir-là, nous avions l'esprit ailleurs, François occupait trop nos pensées et Annecy, la fleur de Savoie, qu'Anne adorait et où elle venait souvent voir son père, en cachette. Pour chanter les louanges de mon vieil ami, oui, j'ose l'écrire, j'avais su trouver des accents sublimes. Par moi, elle apprit sans doute à le mieux connaître, tel qu'il était devenu sans le dire; elle se souvenait de lui seulement sous les traits de Papageno, le gentil clochard. J'avais beaucoup parlé; après un silence consacré à observer les cinquante armes à feu suspendues aux énormes poutres, juste au-dessus de nos têtes, dans cette salle si pittoresque, elle bredouilla, émue, presque suppliante :
" Dieu voudra bien de lui tout de même, n'est-ce pas?
- J'en suis persuadé Anne, persuadé." Mais y a-t-il un dieu quelque part pour autoriser de pareilles souffrances? Les miennes devaient continuer longtemps encore.
Le repas terminé, nous nous dirigeâmes, par la rue de la Filaterie, jusqu'au Thiou. Notre flânerie romantique, le long des quais fleuris, demeure pour moi un souvenir impérissable. Les mille et un reflets des réverbères scintillant dans l'eau d'encre, la douceur de cette nuit d'été annécienne, rien, je n'oublierai rien. Je n'oublierai pas non plus les adieux d'Anne, Casque d'Or, déesse amour, perfection faite femme.

au dos : le pont des Amours et le jet d'eau aux couleurs changeantes.

ANNECY JE T'AIME

" Merci Arnaud de me l'avoir fait revivre comme ce soir, pour moi. Je garde ainsi de lui un si doux souvenir que le passé a disparu avec ses horreurs. Seul reste François, ni fou, ni sage, mais presque saint, sauveur, éternel. Merci Arnaud." Sur le pont Morens, elle me tendit sa main à baiser, dans un geste romantique, touchant. Mes lèvres commencèrent à remonter le long du bras. Qu'elle était belle! J'étais heureux à ne plus vouloir que la nuit cesse. Mon bonheur dura peu de temps.
" Arnaud, soyez généreux et bon. Laissez-moi repartir. J'aime mon mari, ma petite Isabelle. Je suis heureuse avec eux. Adieu Arnaud, merci." Jamais je n'aurais pu l'imaginer mariée, heureuse, ailleurs.
Anéanti, je l'ai vue repartir dans la nuit et c'est toi qui m'a sauvé, Nessy, encore une fois, ta beauté, tes lumières, tes parfums. Le jour se lève à présent et je suis toujours là, devant le Palais de l'Isle dont la proue fend, immobile depuis des siècles, la course folle du Thiou, ce Thiou qui traverse la Venise de Savoie jusqu'au Fier et l'attend pour rejoindre avec lui le Rhône mystérieux...
Les géraniums rouges roses blancs, les pétunias mauves indigos, renaissent à la lumière du jour. Le paysage s'enrichit des fraîches couleurs du matin clair.
Les ombres s'effacent doucement. Je me suis tourné vers le lac, la montagne, éblouis par les premiers rayons du soleil et je murmure : "Mon Dieu, que c'est beau! ô Annecy, je t'ai- me."
FIN

Annecy, 7 septembre 1981

au dos : le Thiou et l'écluse fleurie ; orage sur la montagne ; en dernière page : le palais de l'Isle.